loqueleo

CARTAS AL REY DE LA CABINA
D. R. © del texto: Luis María Pescetti, 2010
www.luispescetti.com
D. R. © de la ilustración de portada e interiores: Carlus Rodríguez, 2015

D. R. © Editorial Santillana, S. A. de C. V., 2016
Av. Río Mixcoac 274, piso 4
Col. Acacias, México, D. F., 03240

Primera edición: octubre de 2016

ISBN: 978-607-01-3247-6

Impreso en México

Este libro terminó de imprimirse en Octubre de 2016
en Editorial Penagos, S.A. de C.V., Lago Wetter
núm. 152, Col. Pensil, C.P. 11490, México, D.F.

www.loqueleo.santillana.com

SANTILLANA

CARTAS AL REY DE LA CABINA

LUIS MARÍA PESCETTI

loqueleo

Cambian ríos y montes

Juncos de Tofu y monumento de Tsubo

Siguiendo el trazado del mapa que nos había hecho aquel pintor, llegamos al sendero de Oku. A un lado del sendero, cerca de la montaña, se hallan los juncos de Tofu.[1] Nos contaron que los lugareños, todos los años, todavía tejen una estera y se la ofrecen como homenaje al Gobernador.

La estela[2] de Tsubo está en el castillo de Taga, en el valle de Ichikawa. Mide un poco más de seis shaku de largo y cerca de tres de ancho. A través del musgo que la cubre se distingue apenas una inscripción. Primero indica las distancias que hay desde este sitio hasta todas las fronteras y después dice: "Este castillo fue edificado en el primer año de Jinki (724) por el Inspector y Capitán General Ohno Azumahito y fue reconstruido en el sexto año de Tempyo-Hohji (762) por el Consejero de la Corte, Visitador y Capitán General Emi Asakari. Primer día de la duodécima luna". Pertenece a la época del Emperador Shomu.

[1] En una laguna que está en Tofu crecen unos juncos especiales. Los habitantes de este lugar tenían por costumbre tejer una estera que obsequiaban todos los años al señor de la región.

[2] Monumento conmemorativo que se erige sobre el suelo en forma de lápida, pedestal o cipo (RAE).

Al visitar muchos lugares cantados en viejos poemas, casi siempre uno se encuentra con que las colinas se han achatado, los ríos han cambiado su curso, los caminos se desvían por otros parajes, las piedras están medio enterradas y se ven pimpollos en lugar de los árboles aquellos antiguos y venerables. El tiempo pasa y pasan las generaciones y nada, ni sus huellas, dura y es cierto. Pero aquí los ojos contemplaban con certeza recuerdos de mil años y llegaba hasta nosotros el pensamiento de los hombres de entonces. Premios de las peregrinaciones... El placer de vivir me hizo olvidar el cansancio del viaje y casi me hizo llorar.

Matsuo Basho (1644-1694), Sendas de Oku
Traducción de Octavio Paz y Eikichi Hayashiya. FCE, 2005

A quien tanto amé y se refugió
en la parte más lejana del mundo, según él:
la cabina de una grúa
(él, que no había tenido jamás
una herramienta
en las manos).

Debes sentirte libre, encerrado en tu torre,
adicto al silencio.

Mas, ¿qué queda de todo aquello, amor,
sino las palabras con que te amé?

Paloma

1

Querido Rey de la Cabina:

¿No sabías que te iba a buscar por todas partes,
por donde fuera? ¿Por qué no lo hiciste más fácil?
No hubiera ido contigo de todos modos, si no querías,
pero ¿acaso no lo querías? Júralo que no. Pero,
entonces, ¿por qué irse de esa manera?
Ahora que sé que esta carta te va a llegar, aunque
no te la den mis manos te va a llegar, me pregunto:
¿cómo será tu mundo ahí? Todo lo tuve que adivinar,
tu silencio me llenó de palabras que iba encontrando,
hebra con hebra.
¿Querías estar solo? ¿Era tanto ruido el amor?
Son demasiadas preguntas, incluso para quien no
las puede oír. Ya imagino tu cara (no te preocupes,
no tienes que poner otra. Puedo imaginar tu cara, sólo eso).
Mejor te hablo del tiempo, por ejemplo, que no es
época de lluvias, y llueve.
Todo se moja sorprendido.
Cómo es la vida, ¿no? Será que uno se acostumbra a que,
si todos los días sale el Sol, el resto tendría que ser
igual de previsible y, quizás, eso sea lo único que podamos
esperar con confianza. Lo digo sin tristeza, y sin enojo,

hay tanta libertad en esa idea de lo imprevisible
(tú, que nunca podrías ir por un camino trazado,
bien que me entiendes).
¿No son adorables los caminos mojados?
Hoy podría haber regresado con el autobús, más rápido
y más seca. Pero vino la lluvia y ¿qué hubiera hecho
ahí encima entre las caras cansadas de otros pasajeros?
Me metí por el camino de tierra, de barro, es decir.
Encontré ese pedazo de cielo roto, ese vuelo quebrado,
esa avecita muerta, y yo y la lluvia y ya sabes...
Ya tenía mi cuaderno empapado, de todos modos, lo apoyé
en una parte más seca (imposible, llovía, ¿te lo dije
más de cien veces hasta que se humedezca la piel de
esta carta?). Cavé un pequeño hueco con la mano, tomé
al ave (¿se sigue llamando así?, aun cuando las alas...
ya sabes). La guardé ahí, la cubrí. Y, antes de que
se tapara del todo, alcancé a ver cómo se convertía
en un pez azul. ¿Guiñó un ojo? De eso no estoy segura,
pero me pareció (de todas maneras, ¿me lo creerías?).
Lo pondré así: creo (creo) que guiñó un ojo. Tal vez
arrojó un beso, o simplemente se movió como cuando
uno nace, y se dejó caer hasta el arroyo que pasa
ahí cerca (ya lo conoces).

Puse las palmas hacia arriba para que la lluvia me lavara
las manos. Luego tomé el cuaderno, y seguí caminando,
mirando hacia atrás, viendo las huellas que dejaba,
toda llena de preguntas, por ejemplo:
¿Desayunas?
¿Has visto caballitos de mar?
¿Y danzar a las algas?
Estoy segura de que tienes un perro, ¿cómo se llama?
¿O cómo te llama él? (es una broma, no te enojes).
¿Te has lastimado usando el hacha?
¿Pasaste frío alguna vez? (quiero decir: ¿hubo algún
norte muy fuerte?).
¿Te volvieron más callado las estrellas?
¿Sigues haciendo juguetes?
¿Desde cuándo sabes manejar una grúa?
(Ay, una pregunta, ay, que no quisiera escribir
porque haría que te dobles
hasta huir por el túnel
de tus propios bolsillos),
pero
(cuatro letras que hacen una puerta mágica),
pero
¿cómo no voy a hacértela?

La tengo desde el día en que descubrí
que faltaban fotos
(¿pensaste que no me daría cuenta?,
no sé por qué lo pregunto, sé que lo hiciste a pesar de eso).
Tú, que no llevas más que menos de lo necesario,
¿por qué cargaste con algo
tan pesado como mis fotos?
¿O no pesaban?
¿Pudiste, por fin (¡ojalá, por favor!),
                    ver que esa línea de tinta
azul como el pez
que serpentea en la hoja
después de obedecer mi mano
no eran rejas?
¿Harías el enorme milagro de usarla como alas?
Nada te atrapa
porque todo lo hace.
¿Me darías, entonces, el enorme regalo de ver
la pequeña serpiente azul de esta carta,
esta huella azul de mi pensamiento en la hoja,
como una sola línea que juega para abrazarte y la risa?

Querido amigo:
(puedo llamarte así,
ni todos los besos del mundo impedirán
que también te llame de esta manera).
Querido amigo,
pretendes que nada te atrape
porque sientes que todo lo hace.
Ay, ¿y si vieras que de verdad nada te atrapa?
¿De qué llenarías tus bolsillos?
(¿¡De qué no los llenarías!?, más bien, famoso glotón).
Por suerte tus bolsillos siempre serán más hambrientos
que tu prudencia y cualquiera de los hilos quebradizos
de cualquiera de tus miedos.
No te enojes si me pongo tan cerca,
piensa que fue el día de lluvia, y el camino de barro,
y mi cuaderno empapado, y el pez azul de la avecita muerta,
y los árboles que se inclinaban como ballenas en la orilla.
(¿Podrías creer que tuve que ayudarlos, uno por uno,
a regresar al mar?).
Son los feroces días de lluvia, arrastrados con cuadernos,
pisando el barro,
los mismos que emborrachan los árboles hasta el descuido,
hasta correr peligro, porque se olvidan si eran de agua o de tierra
y nada más se inclinan, porque eso era todo lo que querían hacer,
y tuve que ayudarlos, uno por uno, porque no
se querían levantar.

Llené la casa del barro que traía en los zapatos y empapé el suelo
al quitarme la ropa mojada.
Y tú, allá alto, manejando tu grúa.
Imagino que hoy no podrías ver qué tomas ni dónde lo dejas
en tu cabina más alta que las nubes.
Tu solitario reino de las alturas,
y de todos modos
ayudando a los demás.
Te pido,
por favor,
que la mano infinita de tu amable grúa jirafa
tome mi carta y la alce
(no le va a costar mucho trabajo, en cualquier caso),
y la alce hasta el Rey de la Cabina.
Que no se caiga,
por favor,
ni el pedazo de caña de azúcar,
ni la pluma del pez azul,
ni el dibujo de los árboles inclinados,
ni las algas de la tinta en los renglones,
ni el pañuelo,
ni el aire.

Paloma

2

Querido Rey de la Cabina:

No te caigas,
no eres tú,
ni haciendo toda la fuerza del mundo,
no te caigas en la vertiginosa belleza de
otros abismos.
¿Extrañas?

Paloma

3

Querido Rey de la Cabina:

¿Es verdad que llevas la otra carta en el bolsillo, a todas partes?
Nunca dejarás de sorprenderme
(no te preocupes, no le vamos a contar a nadie que querías
que te escriba más,
¿tanto me conoces?).
Ayer iba por el camino viejo al cementerio
(¿otra vez? Lo sé, pero no lo busqué,
quiero decir, sí, iba a llevarle flores)
y pasé frente al desarmadero de autos.
Me acordé que decías que era un supermercado al revés
con sus pilas de coches oxidados.
Te sentí cercano y me detuve (¿no recuerdas si ayer,
además de estar en tu alta grúa con su caña de pescar,
estabas buscando algo en el desarmadero?).
Quise ayudarte en lo que fuera que estuvieras haciendo,
y entré con la excusa de buscar una pieza para hacer
una escultura
(el dueño dijo que podía acompañarme, ya sabes,
y no te lo cuento para...
sólo que me fastidió, porque miraba con esa cara,
como cuando pasaba contigo).

Por fin me dejó sola. ¿Por qué nunca entramos al desarmadero?
(¿te daba miedo que me mirara así? No pasa nada,
no se hubiera atrevido, como no se atrevió ayer).
Caminé por los pasillos. Cómo te hubiera gustado verlos,
descansando en sus montones oxidados. Cualquier cosa
menos muertos
(libres, por fin, de ser útiles, ¡qué alivio!).
Se me ocurrió mirar adentro de los coches para ver
las familias paseando,
congeladas, con sus sonrisas para siempre.
Encontré unas llaves puestas como si el dueño se hubiera
bajado sólo por un momento y no para siempre,
(¿o habrá momentos eternos?, ¿y eternidades breves?).
Las tomé y me fui sin decir que las llevaba,
al dueño no le servían de nada,
y hubiera vuelto a mirarme, ya sabes.

Llegué al cementerio, con las flores,
y encontré a Beppo al lado de su
(odio esta palabra)
tumba. Estaba con su mameluco de mecánico,
preocupado.
Se asustó con las flores (me preguntó: ¿¡Qué pasó!?)
y quiso que las tirara enseguida.
Pero se alegró de verme. Le conté lo del desarmadero
y le mostré las llaves.
Se rio como si supiera y preguntó por ti
(siempre le caíste bien,
¿pero alguna vez le contaste algo o cómo lo supo?
¿Por qué no me avisaste que le habías contado?).
Le dije que manejabas una de esas grúas altas.

Me pidió que subieras con cuidado (¿acaso bajas
alguna vez? No lo había pensado, claro, ¿no?)
y que te mande las llaves. Insistió (ya sabes cómo era),
le contesté que sí, hasta que se quedó tranquilo.
Se levantó y dijo: Vamos, que se hace tarde.
Salimos
(de ahí),
conversando del campo que veíamos,
o eso creí, al menos,
porque cuando desapareció de mi lado
me di cuenta de que me había hablado de ti,
todo el tiempo (¿puedes creerlo?).
Me había estado aconsejando y ni me di cuenta.

Aquí están las llaves, entonces. (¿Vendrás a que arranque
el desarmadero con tus llaves de mover el tiempo?).
¿Los vas a sacar a pasear como abuelos
          de un geriátrico oxidado?
¿Vas a hacer un collar de "rotos por fin", libres de uso?
(Son mejores las canciones de los bises
          que las del propio programa, decías).

¿Te acuerdas cuando dijiste que te gustaba mi pelo largo
y al otro día aparecí con la cabeza al ras?
No podía saber, no te conocía, y tú tampoco podías saber
que odio los halagos.
Nos gustaba tanto el desarmadero, y ayer
me sentía contenta entre elefantes desarmados,
sin nadie que halague a nadie, sin nadie para halagar
(ya no podría cortarme aún más el pelo, de todos modos,
o llevar pantalones peores, o los labios más sin pintar
para que no me vea nadie
más que aquellos que en lo alto
de su cabina de grúa rosada y grulla...).
A esta ave no deberás alzarla con la mano infinita
de tu juguete,
encontrará,
aun de noche,
el palomar de tu bolsillo
y a su hermana mayor.

Paloma

4

Querido Rey de la Cabina:

Voy a hacer que mis dedos transparentes
aprendan a tejer la primavera.
Y que el ruido de mis pasos
se funda con el de cada
gota de lluvia.
Tú
(tan alto)
que ves todos los techos,
todas las cabezas y los hombros,
y la carga que llevan los camiones.
El lado de arriba de las nubes.
Más cerca
de los hornos del Sol,
pero más frío,
(¿es cierto que
hay basura en el cielo?
¿No debería haber barcos viejos
y collares de carros oxidados
y plumas del pez azul?).

Tú,
que ves trabajar a los satélites,
vanos e imprescindibles,
(¿es verdad que tu grúa tiene una pantalla de televisión?
¿Y que una cámara en la punta de su lanza
transmite, sólo para ti,
un primer plano de lo que debes levantar y dónde dejarlo?).
Te ofrezco (Topo de las Alturas)
yo
que veo
el lado de abajo,
el piso de todas las casas,
las cañerías que alimentan la ciudad,
los túneles ciegos del metro,
las suelas de los caminantes,
la línea que trazan las ruedas de bicicleta,
te propongo
llevar mi cámara de mano, a cada lado que vaya
(¿con un casco en mi cabeza?)
y filmar el mundo
para que llegue a la pequeña televisión de tu grúa,
en blanco y negro (imagino que es una pequeña pantalla
en blanco y negro).
Para darle mis ojos, el ojo de mi cámara de mano,
al tímido ojo de cíclope de tu grúa (tu unicornio amarillo).

Tú verás llegar los vientos,
yo te mostraré la escalera del departamento hasta la calle
(enfocaré el buzón lleno de propagandas),
la hamburguesería de la esquina.
Tú verás llegar los vientos.
Rey de los Caracoles del Cielo,
verás, en blanco y negro, la parada del 12,
la panadería, y la señora del pelo teñido
        y los labios gruesos y mal pintados,
como si en la imprenta no hubieran hecho coincidir
        los colores,
pero no la hicieron en una imprenta,
(pero no coinciden sus colores).
Con su delantal verde claro, casi de hospital,
tomando los panes y mirando con desconfianza a la cámara.
El kiosco de periódicos, las baldosas rotas,
la estación de tren,
el alumbrado que se enciende, como un montón
de gallinas confundidas, por esas placas fotosensibles,
aun cuando no sea el atardecer.
El río, la costanera.
El humo que sale de los restaurantes y las tintorerías,
el de los autobuses, las fábricas y las coladeras,
el del aliento por las mañanas (hace un poco de frío),
para que compares, Rey de la Cabina,

y sientas que estás preparado, como cuando
estudiabas los mapas,
(aunque los mapas mientan y nunca se pueda
estar preparado).
Todo lo transmitiré para el ojo de tu grúa
(si la técnica se complica, ahora que lo pienso
es muy probable, te enviaré la cinta).
También te enviaré un mapa, o muchos,
para que los estudies
y te sientas preparado.
Uno
desde el aeropuerto hasta casa (imprescindible aunque
no llegaras en avión,
porque todos tenemos algo de turistas).
Uno
desde la puerta del edificio
hasta la parada del 12, pasando por la panadería
(con detalles sobre cómo evitar la conversación de
"labios corridos").
Uno
desde la cama hasta la sala.
Uno
desde la cocina hasta la cama,

(hagamos un zoom más preciso:
desde tu lado de la cama hasta el otro lado
sin doblar las sábanas, o doblándolas).
Desde mi lado de la cama
hasta el reino de tu otro lado,
para que regreses todas las veces que quieras
sin temor a perder el camino,
(o a que el camino te suelte la mano y te pierda).
Finalmente, uno,
que salga de ti y regrese a ti,
y recorra el mundo
(con escalas en un puerto muy parecido
a mi pecho, si me permites),
pero, en todo caso, que los hilos de tus caminos
se disparen como cañitas voladoras,
como una bandada de fuegos artificiales,
y que nunca, nunca te pase
que no sepas regresar,
aunque regresar quede más adelante y no más atrás.
Querido amigo (ya te expliqué, ¿recuerdas?),
dile a ese terrible perro guardián (que estoy segura
duerme en tu falda)
que lo saludan huesos escondidos en cinco continentes.

Paloma

5

Tú:

¿Serás sensato? ¿Por eso te fuiste?
¿Por tu edad y la mía? Júralo que no.
Hoy me desperté como si nevara y los copos... (¿por qué
nevará más suave que la lluvia?), los copos estaban hechos
de saber que te fuiste porque te pesa ser mayor que yo.
Te digo, no era una lluvia, que me aplastó al darme cuenta.
No, era la luz de saber eso que no te atreverías a reconocer.
¿Evitarás el escándalo?
¿Quién te lo pide?
¿O acaso crees que sé por qué te busco? (nadie es
tan infeliz como para saber por qué busca a otra persona).
Son líneas pequeñas escritas en una lengua que se nos escapa.
Por más que pasáramos siglos descifrándola, por más
que los científicos dejaran tranquilos a sus microscopios,
a sus computadoras, y sólo se dedicaran a descifrar
estas líneas, ellas seguirían sin ser leídas. Por más que,
cansados de fracasar, aceptaran, por fin, la ayuda
de los magos; y los magos, cansados de fracasar, les pidieran
ayuda a las brujas, y ellas les pidieran ayuda a los ángeles,
seguirían incomprensibles.
Están escritas con letra de paso de hormigas.
¿De qué crees que me estás salvando? ¿Quién te lo pide?
¿Crees que sé por qué te busco?

Estoy llena de pequeñas letras invisibles que unas hormigas
escribieron mientras me hacían, con sus cuchillitos
y sus tenedores diminutos.
¿Y tú, soberbio o ignorante, crees que te alejas por mi bien?
Te voy a decir todo lo que sé.
Son hormigas y arañas que bajan de las estrellas.
Y una vez que han escrito su canción, en vez de irse,
se quedan para que uno las coma. Así guardan sus secretos.
Permanecen quietas todo lo que haga falta. Luego se esconden
en la primera leche, o en una tostada a los seis años
o a los veinte (sólo ellas saben) para ser comidas.
Nunca te enterarás si han terminado su tarea o no,
si todavía están. Y ésas habrán sido tus arañas
y tus hormigas, tus ángeles laboriosos.
Pero esto
es sólo un cuento, demasiado bueno,

para que sepas lo que sé
(me enojo conmigo misma cuando leo lo que escribí
y suena rosado, quiero romper la carta,
pero no quiero escribir otra).
La verdad está en el olor a brea de las autopistas,
          y en los supermercados.
En los golpes de los martillos. En el clic del botón
que apaga la radio. En las sirenas que se oyen de noche.
En las escaleras de metal. En las cortinas de plástico
(esas baratas para que no entren las moscas a la cocina).
En tu maldito reloj despertador, para llegar a tiempo
al maldito turno en el que has elegido esconderte.
No esperes que nadie,
NADIE,
ni siquiera los que crees que me quieren,
te agradezca esto que haces.
Podemos seguir, pretender que nunca nos cruzamos.
          Vivir, incluso, felices.

Nos regalaron un piano y lo quemamos. No deja de haber
        música en el mundo por eso
(es el enojo, es el enojo).
¿Vas a ser un boticario contando los años que nos separan?
¿Vertiendo líquidos de una ampolla a otra,
        separando polvos blancos?
¿Ordenarás tus instrumentos de metal? ¿Te vas a peinar
        al medio?
¿Cuidarás los puños de tu camisa?
Deseo haberme equivocado.
El Señor Perro Guardián que te acompaña
        no merece mi enojo
y le ruego que te gruña en mi nombre,
        que muerda tus talones
y se mee en tu merienda.
Va a ser Navidad para quien lo festeje
y quiero hacerlo,
estoy harta de tanta ceniza en los pulmones.
Haya luz, señores de la mina,
díganles adiós a los derrumbes, los esperan sus esposas
y sus hijos en la superficie.
Tiempo de empezar de nuevo, en otra parte.

Llevan años cavando,
¿han encontrado la receta para que sus hijos no
envejezcan?,
¿el remedio para que sus mujeres no se enfermen,
o para que a ustedes les devuelvan algunos años?
(En el mismo sobre del aguinaldo, tres años más;
el regreso de sus padres, de sus abuelos, a quienes
no alcanzaron a conocer, y el de los padres de sus abuelos).
Dios les dé pan a todas las semillas, por favor.
Por favor.
Porque lo demás no vale la pena. Ni siquiera
          ganarle a la montaña.
Inútiles, tontos triunfos. Pedacitos de bronce llorado,
          por haberle ganado a la montaña.
Haya luz,
señores de la mina.
Repudien a sus patrones, antes de que sea tarde.
Pondremos guirnaldas, y encenderemos lámparas
cuando atardezca, habrá guitarra y acordeón,
dará el viento en los manteles.

Querido Rey de la Cabina,
¿por eso te fuiste?
¿Hay una parte en ti que no soporta verme con un cuaderno?
Quiero que sepas que te mentí y tengo aún menos
de los que te dije.
Tengo cinco años. Tengo tres. Mi abuelo me lleva de la mano
a la escuela. Estoy en el vientre de mi madre.
¿Y a ti qué te importa? ¿A quién se lo debes?
No bajes si esperas que el mundo sea menos cruel
o que tú seas menos cruel.

Paloma

6

Querido Rey de la Cabina:

Hoy es uno de esos días en los que quisiera escapar
de mí misma
(tú, Rey de las Fugas).
No soportaba el aire del salón
y luego no soporté el del autobús
(me dio asco el tubo del pasamanos).
Volví a pie, otra vez,
pero
no vi mi pez de plumas azules.
El aire estaba invadido de vulgaridad.
Había
el afiche de una pomada para todo el cuerpo,
los carteles de una tienda de dulces al por mayor,
una rotisería donde venden pollos al espiedo
(son de un amarillo casi anaranjado, y las gentes los compran
para comerlos en la plaza más cercana a su trabajo).
No soporté el aire que me rodeaba, ni el que salía
de mi boca.
La magia había abandonado el mundo.

Alcé la vista y no me extrañó cuando vi
una lámpara de cuarzo mal colgada, haciendo de mediodía.
Te escapaste de mí, que te envolvía con aire,
¿y era igual de malo?
¿O pretendía magia ahí dónde tú sólo necesitabas ver
pollos anaranjados, pasamanos grasientos,
        empleados igual de lejos
de sus hogares que de sus promesas y una lámpara de cuarzo
que se hunde en el horizonte como se deja una esponja
        después de limpiar una sartén?
¿Ése fue mi error?
Ése fue, ¿verdad?
¿Por qué no me enseñaste con tus ojos oxidados?
Yo no puedo dejar de hacer promesas, y tú necesitabas
        romper con todas.
Pero, acaso, ¿no las necesitas tanto como yo?
Fuiste una esperanza voraz, ¿cómo se escapa de eso?
¿O acaso crees que el desencanto será suficiente
        como para callar todas las voces?,
y que nada,
nunca, te recuerde
una sola promesa tuya
(¿por eso subiste a tu torre-grúa? ¿Ya no querrás
tocar nada directamente? ¿Ni que nada te toque?
¿Y cómo vas a hacer?).

No podrás recorrer tus pasos y retirar promesas
como quien quita la ropa tendida.
Todas tus promesas ya no están donde las dejaste
(perdón por hablarte, quizá, de lo último que quisieras
que te cuente).
¿Acaso crees que te podrás esconder de lo que
un día deseaste?
¿No es más fácil fracasar que esconderse?
Ven, por favor,
amor mío,
ven a beber del licor amargo,
ven a mojar tus labios
en tu derrota
(tanto mejor).
No abandones tu derrota
y descansa.
Baja de tu grúa a estirar los brazos.
Ven a ver cómo falla, también, la primavera.
Esta tarde han fracasado los árboles, los choferes,
el alumbrado público,
los amantes, los jardines, el cemento, la lluvia,
las monedas sucias, los locutores de televisión, el azul.
Todos vaciaron su propia derrota y,
¿sabes qué?:

no pasó nada,
nada,
nada,
nada.

Paloma

7

Querido Rey de la Cabina:

Tú, que puedes ser como todos
a costa de no ser como tú,
óyeme esto que te cuento.
Me pesa mi sonrisa,
me hunde que salga a dar la mano
cuando no tengo manos
ni nada para dar.
Esclava de los otros, de cualquiera que le arroje un gesto,
sale mi sonrisa a recogerlo.
Extiende su hambre, me obliga a seguirla, y yo siento
        un tirón y que me olvido
de algo en lo que estaba pensando y que no puedo
        contarte así,
porque hoy mi sonrisa consiguió muchas limosnas
        y me obligó a estar
tanto tiempo afuera que de verdad no me acuerdo.

Ella no quiere ni mi conversación ni mi silencio.
Ni quiere mis pensamientos encerrados
y, cuando me ve apoyar los ojos lejos, huye de mí,
a conversar lo que sea
con quien sea. De lo buenas que están las naranjas,
en el mercado, del jabón más cremoso,
y toda su estupidez y su banalidad me ponen peor.
Ayuda a cruzar la calle a las viejitas con bolsas,
cuando yo, lo único que quiero
es estar callada e imitarte, mi querido Rey de la Cabina,
porque he llegado a pensar, aunque me duela,
que acaso tenías razón en esconderte.
Hay tanto ruido en el mundo. Las mejores intenciones
son como sirenas de barcos.
Todo está lleno de máquinas y de motores.
Los televisores son un asco.
Gritan, gritan y se ríen. Dan premios y se ríen,
y están felices de estar ante la cámara y dicen su verdad,
como si la pantalla fuera un cura.
Todo me aturde y me silencia, ¿qué era lo que
estaba pensando? ¿Qué quería decirte?

Reviso en mi cuaderno. Encuentro unos apuntes. Dicen:

Uno de mis vecinos tiene treinta años y dos perros. Los saca a pasear una vez por las mañanas y otra de noche. Tiene algún problema para hablar, como si hubiera nacido sordo y lo hubieran reeducado o, más bien, como si tuviera algún retraso y no hubiera crecido más que eso, lo suficiente para pasear sus perros, saludar con mucha dificultad, amablemente. Siempre que nos cruzamos baja la vista, regaña a sus perros y les ordena que no me molesten, luego me sonríe y dice buenos días, lleno de tropiezos y voluntad. Ésa es su manera de hacerme saber que sabe bien cómo son las reglas del mundo en el que los demás nos desenvolvemos. Su triunfo es haberlas alcanzado.

Terminan mis notas.

Entonces, ¿cuál es nuestra pequeña pelea, mi querido
Rey de la Cabina? Recuérdamela,
¿cuál era tu pequeño enojo y el mío, con el mundo?
¿Qué diminuta piedra en el zapato se nos hizo
tanto padecimiento?
Sonrío.

Paloma

8

Querido Rey de la Cabina:

Me llegó tu carta, querido Topo en las Alturas.
Te respondo:
Sí.
Sí.
No.
No. No sé.
Sí.
Sí.
¿O sea que no querías esconderte, Estimado Mentiroso?
¿Y para qué tantas nubes y tantos pasos de por medio?
(te voy a llenar de preguntas, a falta de que
me llenes de respuestas).

Qué bueno que me extrañes.
Y me llames: "amor" (¿dejaré de llamarte Rey de la Cabina?).
Te reíste con los mapas inventados y leíste mis cartas
hasta ajarlas.
Yo me haré un té con esta carta tuya, un Sol de repuesto.
La guardaré bajo la almohada, como cuando aún no tenía
ángel de la guarda.
La leí recorriendo el surco de tu pluma. La imaginé ungida
al buey de tu mano. Empujando y empujando. ¿Te has puesto
a pensar que la luz proviene de un astro ciego? Como la luz
que da tu mano ciega y su buey.
Crecieron las semillas que pusiste en los surcos azules
de tu carta. Ya son frondosas naranjas en mi pecho.
Semillas de arroyos y cascadas breves. De flores en ramo.

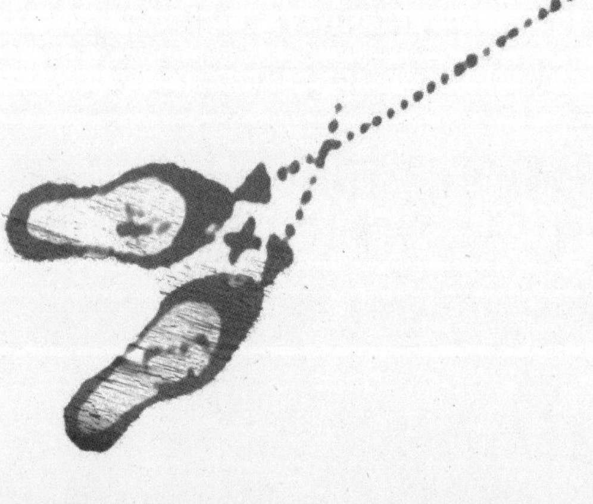

Querido
Rey
de la Cabina,
crecieron todas
las semillas de tu carta.
Vieras qué hermoso prado. Los abrazos
crecieron sanos y fuertes rodeando mi cintura.
Crecieron besos en mis pies (¿sembraste besos para mis pies
o fue un error del viento?).
Te espero convertida en Luna.
Quiero que recorramos el desarmadero, la panadería
(saludemos a "labios corridos", se pondrá feliz de ver
que regresó el único ser que conversa con ella),
pasemos frente a los pollos anaranjados. Te presentaré
a mi vecino, para que hables con él, también, y les pida
a sus perros, orgulloso, que no te molesten.

Volví a cortarme el pelo. Parezco una manzana.
Ven pronto, mi habitante deshabitado.
No dejes al guardián feroz. Tráelo a ladrar.
A los perros les encanta ladrar si tienen dueño.
Aquí hay mucho espacio, querido Rey, ¿recuerdas?,
mucho,
mucho espacio.
Quiero que llegues ayer. Te iré a buscar con mi cuaderno,
para que te asustes por mi edad
y te preocupes.
Acuérdate de traer los brazos, porque aquí hay
mucho por hacer.
Un mes no es tanto tiempo.
No es nada
(gracias, gracias, gracias
por mostrar tu apuro,
porque, haya sido lo que fuera
eso que despertó en ti,
te haga ver tan lejos un mes).
Un mes no es ni una gota
en nuestros mil doscientos treinta y cuatro vasos
llenos.

Paloma

Rey de la Cabina
Rey de la Cabina
Rey de la Cabina

9

Querido Habitante en tus Alturas:

Esto que cae
y no es la lluvia
¿acaso crees que no iba a saber que son
tus lágrimas?
Llueve tranquilo,
dulce amor,
ahora que te pesa tu cabina
y que extrañas el mundo (que tanto te duele)
y que bajarás como un ave en su propia mano,
los almanaques te dan la bienvenida
llenos de aire
sin piel.
Tú, que hubieras preferido mil veces
olvidarte que acá abajo...,
que hubieras querido dejar de pisar la tierra
el cemento, las alfombras.
Allá, sintiéndote seguro en el pequeño cuadrado metal
de tu grúa amarilla

Paloma

10

Querido Rey de la Cabina:

Qué bueno que vengas en tren.
Qué bueno que vengas.
Qué bueno.
Qué bueno que vengas en tren.
Siempre es más amable,
y para mí es más fácil estar en la estación
(hubiera preferido otro día, pero puedo faltar a esto y lo otro).
¿Qué digo? "¿Hubiera preferido?". Será domingo
          cualquier día que vengas,
ven ya.
Sabrás disculpar que sólo las yemas de mis dedos
estén heridas para tu llegada
y permanezcan calladas, y apenas toquen.
Toda yo estaré de fiesta...
y no esperes que lo esconda.

Paloma

11

Querido Rey de la Cabina:

Han cesado las lluvias o, en todo caso,
es seco por donde camino,
pero no, ya se secó la vaca del cielo.
Yo no puedo salvarte de que el mundo sea, finalmente,
en blanco y negro.
(y, quiero que lo sepas, me gustaría).
Pero ¿de dónde saco esos colores?, ¿te los imaginas?
¿Te imaginas que hubiera encontrado el avecita muerta,
ese día,
y, en vez de enterrarla, la hubiera pintado
para esconder...?
(¿por qué te crees que Beppo se asustó de las flores?).
Eso sí que mataría las cosas.

Paloma

12

Querido Rey de la Cabina:

¿En dónde has fracasado, querido amigo?
¿En qué? ¿Por qué todo este luto de desencanto?
¿Qué sueños estás velando, querido amigo?
Te preguntabas cómo empezar de nuevo
cuando no se pudo empezar ni la primera vez.
No lo sé, Pequeño Topo de las Alturas.
Me pides que te entierre al lado de mi avecita,
pero has de saber que eso queda en el centro
de mi corazón.
Dices que vendrás oliendo a grasa y aceite,
con las manos lastimadas
(¿es verdad que desayunas en tu grúa?
¿Y crees que te acostumbrarás a hacerlo a ras del suelo?).
Para que todo sea más fácil,
voy a darte coordenadas:
Escalones. Puerta hueca de madera.
De la puerta a la cocina, seis pasos.
De la cocina a un sillón (apto para quienes
llegan oliendo a aceite y con las manos engrasadas)
diez pasos.

Antes de morir mi abuelo (Beppo) no se lamentó de su cuerpo,
sino de sus pasos, dijo:
"Ay, de mis pasos, se terminaron mis pasos".
Yo hubiera querido que se calzara pasos míos
        para despedirse de su jardín
o alimentar a sus gallinas (que lo sobrevivieron).
¿Por qué no habrá unos pasos de más?
Sabríamos agradecerlos.
Me preguntó qué iba a comer, él, por favor,
para quien se habían terminado los bocados.
No hubiera pedido muchos, en todo caso, los suficientes
para que me acompañara a ver el jardín de casa.
Esa tarde, precisamente, había hecho unos trabajos
tan efímeros
y necesarios.
Apenas removí la tierra
pero ni todo el paraíso de golpe hubiera sido mejor regalo
que esa pequeña parcela de tierra removida.
Te juro, querido Rey, que no soy yo quien te escribe,
que es la línea azul que me cuenta sola
        con su serpiente azul y parlanchina.

Podríamos haber prescindido del final de una telenovela,
de leer el diario como lo hacía todas las tardes,
de todo lo innumerable,
pero de los pasos, no.
Y hubiera sido un hermoso regalo
(sería, lo sería siempre y para todos)
que el último aliento fuera
el suficiente como para hacer una tarea completa
entre todas las infinitas que pudieran escogerse,
que sepa el corazón,
y se le otorgue ese aliento para recibir a las visitas,
atenderlas y despedirlas sin apuro.
Saludarse hasta el otro día
o, saliendo, hasta nunca.
Pero que haya tiempo, querido Rey,
que haya tiempo y no arrebato absurdo,
mezquino, cruel.
Negando lo que toda la vida será
no más que un caramelo,
cuando tiene los bolsillos llenos de largos túneles,
llenos de caramelos.

No mezclo las cosas,
déjame que te regale unos pasos.
No seamos como la vida,
demos más,
más.
Ven a meter tu mano en mis zapatos
y llévate los pasos que quieras.
O lo que quieras.
Ven a robar.
Vamos a ponerle pasos a tu fracaso.
Un paso izquierdo y uno derecho,
vamos a lavarle la cara y a peinarlo.
Por grande que sea tu derrota,
no haber llegado a tiempo,
ven a que te dé mis pasos, amor mío,
ven a llegar a tiempo.

No te preocupes, sé dar campanadas al revés.

Paloma

13

Querido perro de la falda de mi Rey de la Cabina:

¿Serías tan amable de leerle? Gracias.

Deberías tener la paciencia de saber que el amor
no es aquella estrella que nació contigo, y que
incubaste toda tu infancia. Tu gran mapa del tesoro
y el tesoro mismo. Me detengo: no te lo digo dando
una lección, dejaría de escribirte en este momento
si así lo sintieras.
Lo que quiero decirte es que el amor no va a poder ser eso,
aquella estrella que nació contigo, tu gran mapa del tesoro
y el tesoro mismo.
Será lo que podamos hacer juntos. Eso te quería decir.
Juntos.
Y desnudos.
Que es lo otro que te quería decir.
Como árboles preparando su ajuar para el otoño.
Vistiéndose de su propia desnudez.
Cargándose de hojas que caen hasta que no queda ninguna.
Preparando su amorosa boda con el otoño que es,
por favor, suspendan todos los juegos de palabras,

que es el nido de la primavera. La primavera no nace
sino del despojo de todo lo viejo, y no veo una primavera
enfrente de nosotros.
No veo sino un otoño sereno y reconcentrado. Un horno
hecho de pensamiento y reflexiones.
Una cocina secreta, como duermen los osos en invierno
y crecen soñando.
Es tan curioso que haya tantas partes de la vida
que se transiten en sueños.
No podría invitarte a ninguna primavera, y no sólo
porque no la veo. Ni la tengo, ni podría con ella.
Si alguien esperara la primavera, si después del verano,
alguien otra vez esperara la primavera, le avisaría
que olerá a podrido.
No podría invitarte a una primavera, además, porque
lo que más quiero es desnudarme.

Cargada de hojas viejas.
Desnudarme.
Y ver
cómo te desnudas.
Yo de mis miedos,
y tú de tus sueños
que tanto miedo te daban, o te dan, porque te veías
convertido en un soldadito de plomo, de un libro
que mamá y papá no habían podido escribir para ti,
pero que te habías jurado a ti mismo escribir,
sin faltas ni faltas, ni ninguna falta.
Lo que más anhelo es ver que te desnudes, que desees
tanto como yo,
con amorosa renuncia, despojarte de tus anhelos incumplidos
y a punto de cumplirse.
No nací para entrar en tu historia.
Vine a cambiarte con un beso.

Ardo de deseos de verte quitar tu ropa.
        Como la primera vez,
que dejes atrás tu camisa, Europa y Asia,
tu pantalón, y África.
¡Cómo doblabas tu ropa!
Nada lo tirabas. Nada caía con descuido.
Todo lo apoyabas de tal manera que yo quería darte mis ojos
y mi alma para que la llevaras a la cuna con tanta tierra
        y tanta selva
y las mujeres de todo el mundo lavando ropa en un río.
Pero mis ojos estaban en su propia fiesta,
acariciando tu piel, que despertaba iluminando el cuarto.

Paloma

14

Querido Rey de la Cabina:

Qué raro tu silencio y que otra vez te fueras
(qué raro, qué esperable, qué tan tú, qué tan yo).
Es cierto que no quería atraparte,
y no es cierto que no esperaba nada.
Esperaba que quisieras,
que quisieras
y que quisieras.

No eres responsable de que deseara que te olvides
de tu maldita grúa jirafa
o lo que sea que ella represente,
más,
más grande que yo y mi cuaderno
y mi estúpido faltar a clases
y haber cocinado para ti.
Nunca me prometiste que eso iba a pasar,

sólo yo estaba segura,
sin habérmelo dicho,
que una mañana despertarías quedándote
(como una mañana sigue a otra mañana y sigue a otra).
Y no que despertaría yo tomada del pasamanos del autobús
y sintiendo, de pronto,
que te habías ido. Llegar a casa y encontrar tu nota.
¿Una nota? ¿Porque así era más fácil?
Si era imposible, ¿cómo podía ser más fácil
de alguna manera?
Me senté en el rellano de la puerta con la hoja,
y bajó el vecino con sus perros; los regañó, para que
no me molesten (orgulloso de saber hacerlo). Bajó con
dificultad los escalones, ganándole cada paso al mundo,
y pensé en ti, en tu burgués, y pequeño, y tan sano,
tan satisfecho y tan urbano deseo de fracasar
para sentirte libre;

tan pequeñito y tan becado tu deseo de fracasar,
al lado del vacío de esta obligación de quererte
y de los trabajosos pasos de mi vecino, tomándose
del pasamanos de la escalera y tardando siglos
en llegar a la planta baja a pasear
a sus perros obedientes. Y te odié.

Paloma

15

Querido Topo en las Alturas:

Es más fácil saber por qué te fuiste,
que saber por qué te busco.
Tus razones, allá tan altas, y las de mi deseo,
las del deseo, ¿dónde dije que se escribían?

Paloma

16

Querido Antonio:

Al llamarte por tu nombre tengo el mismo sentimiento
de pudor que me daría verte desnudo en un momento
en que tú no lo quisieras.
No quiero dar rodeos. He leído tu diario. Lo olvidaste.
También. Fue anoche, y no lo hice porque despertó
mi curiosidad y quise avanzar hasta el final, sino,
precisamente, porque es un cuaderno sin marcas de ninguna
clase. Reconocí que era algo tuyo y lo abrí en el final.
¿Lo recuerdas? En tu poema de despedida, Antonio. Al ver
la disposición de las palabras pensé que era sólo eso:
un poema. Cuando avancé en la lectura me di cuenta de que
te dirigías a mí. ¿Por qué no lo enviaste? ¿Tenía derecho
a leerlo si iba dirigido a mí pero no me lo habías enviado?
¿Por qué te despediste en el poema y no lo hiciste en
la realidad?, quiero decir, ¿por qué no quisiste cortar
los lazos en la realidad? ¿Con qué esperanza secreta te fuiste?
Ya después de ese poema no pude dejar tu cuaderno,
Antonio mío, porque eran las únicas palabras que podían
explicar algo, aunque fueran de adiós. Te pido disculpas
por haberlo hecho, y porque volvería a hacerlo. Estoy
un poco confundida. Necesito unos días; pero no podía
dejar de contarte.

Paloma

17

Ciega de ausencia de no verte,
ciega al resto de tu hueco en el mundo.
Harta de abrazar calaveras de tu presencia
siento el aire que alimenta mis pulmones,
respiro al imaginar que volvería a tenerte
enfrente, doblando tu ropa y los jazmines,
apoyando los azahares de tu frente.
Aunque falten siglos para tanto verano,
y hoy sólo tenga para ofrecerte
un otoño lleno de hojas que se retiran
regalando su turno a lo inventado.
Quiero regresar
sólo para lo imprevisto,
para lo que deba nacer de tus manos y las mías.
Para nada que ya haya sido escrito o dibujado.
Ni en tu alma, ni en la mía.

Paloma

18

Guardé las fotos. Tomé tus dedos flacos y los doblé.
Guardé las fotos en un sobre. Miré tu palma, más clara
que tu mano.
Tomé el sobre y lo cerré. Cerré tu mano dentro de mi palma.
Cerré el sobre con cinta adhesiva. Acariciaba tu mano,
un borde de tu alma lastimada.
Cuando te lo entregué te advertí, cuidado, en un sobre hay,
lo cerré.
Me diste un beso en las manos.
Guardé el sobre en la valija.
Te devolví tu beso
en tus manos.
Me diste una bolsa de papeles.
Te devolví los labios.
Me pediste delicadamente tu alma y, al quitarla,
arrancaste algo sin querer,
de todos modos,
no hubiera salido de otro modo,
y ya sabíamos.

Guardaste mi alma en otro sobre, lo envolviste
con cinta y me advertiste
que tuviera cuidado al abrirlo y no me pasara
lo que a ti,
cuando la tomaste para dármela en un sobre, anoche,
cuando terminaste de preparar.
Mis pocas pertenencias, al igual que las tuyas,
se contaban con dos dedos: yo tenía tu vida, y tú la mía.

Paloma

19

Pajarito:

Te digo adiós, pajarito.
Con amor y humo blanco
del frío que combatimos juntos.
Te dejo
como un universo más grande.
Me voy
astronauta,
soy
la del traje blanco
que flota en el eterno vientre.

Paloma

20

Quisiera clavarme el vidrio que nos separa
y desgarrarme,
aunque más no fuera sólo por hacer algo más sensato
que estar aquí
sin correr a buscarte.

Paloma

21

Querido Rey de la Cabina:

Hoy iba camino al cementerio y me enteré
de que el dueño del desarmadero vendió el terreno,
unos camiones se llevaban nuestro precioso
zoológico oxidado.
Construirán un shopping, qué fatiga, con sus luces
y su música sin música en todas partes.
Tú en tu mundo grúa jirafa,
sólo el cielo te rodea y tu gran perro dormido
en tu regazo,
yo viajo en un autobús cargado de caras
como escaparates de tiendas
en calles de mercados, en los que ya atardeció,
y han cerrado los puestos.
En tu mundo llueve y hay óxido, acá llueve y hay barro.
Ahora mismo, que la serpiente azul se pasea en esta hoja,
podrías ver a mis pies hundidos en
el delicioso barro de regreso
(sí, otra vez me bajé y preferí venir caminando).
Ves las nubes desde arriba,
yo no puedo sino empaparme.

Me metí a escondidas y tomé una herramienta ocre,
hermosa,
pero la dejé, tampoco quería salvar eso,
que el viento se lo lleve.
Volví a casa, me corté el pelo al ras, y empecé
a preparar un bolso.
Luego salí a la llovizna, y te mando
un mapa del desarmadero:
esto que ves aquí, era el autobús anaranjado,
esta flecha indica el pasillo de los abrazos,
aquí la cabina del dueño, de aquí saqué la llave
que te envié,
y éste es el camión en que se llevan todo.

Paloma

22

Querido Rey de la Cabina:

¿Por qué llamamos amor al amor?
Con lo que cuesta, con lo que duele,
con lo que tarda, con lo que arde,
con lo que falta, con lo que quema,
con lo que ausencia, con lo que tiene,
con lo que viene, con lo que ahueca,
con lo que silencia, con lo que canta,
con lo que arrulla, con lo que leche,
con lo que vibra, con lo que abraza,
con lo que olvida, con lo que vida,
con lo que pajarito, pajarito,
caracolito tan poco mío y de nadie.
Yo, que nunca te tendré.
Y aunque no te lleguen mis correos
te escribo,
y aunque no sepa si los lees,
te escribo.
Te escribía.

Porque voy a cerrar mi casilla, caracolito,
ya no voy a buscarte en los bares
de mi buzón de entrada,
ni en la esquina de cada mail.
Cuando una dice que se despide (lo siento ahora),
lo hace con la esperanza mágica de que...
lo hago,
con la esperanza mágica de que aparezcas,
o de que, si yo corro el telón, habré sido yo
y no tu silencio.
Por lo que es casi seguro, que te busque unas veces más.
Pero ya cierro esta casilla que me cierra.
Voy a enterarme de qué trata la soledad, ahora,
y que el vacío de no tenerte, ni esperarte,
busque,
o me lleve,
o sea lo que sea.
Te amé, tanto, tanto.
Te amo, pero te amé.
Tanto.

Adiós, en quien te conviertas.

Paloma

Epílogo

Inventario.
Abro mi bolso en la estación de autobuses y veo:
la lluvia emborrachando los árboles hasta el descuido,
sus bolsillos hambrientos (los de él),
un pez azul guiñando el ojo
y convirtiéndose en ave,
los árboles en sus bolsillos,
la lluvia guiñando el ojo,
un pez azul, borracho y hambriento hasta el descuido,
y a mí misma
convirtiéndome en ave.

Índice